교사교육지침서 시리즈 ❹

말씀이 쏙쏙 믿음이 쑥쑥

말씀나라로 떠나는 워크북

말씀나라로 떠나는 워크북

발행인 | 김해용
편집책임 | 이희철
아트디렉터 | 노재현
내용구성 | 조한나
디자인 | 정진영, 신진호
일러스트 | 정효은

1판 1쇄 인쇄 | 2008년 12월 24일
1판 1쇄 발행 | 2008년 12월 30일

발행인 | 김해용
발행처 | 도서출판 한장연
　　　　　 등록번호 제 22-1582호

주소 | (427-070) 경기도 과천시 주암동 70-4
전화 | 02)596-4973
팩스 | 02)596-4975
홈페이지 | www.kmind.net

이 책에 실린 모든 글과 그림을 무단으로 복사·복제·배포하는 것은
저작자의 권리를 침해하는 것입니다.
ⓒ도서출판 한장연

ISBN | 978-89-89013-71-6

정가 | 8,000원

INTRODUCTORY 머리말

"이제 몇 밤 자면 주일이에요? 빨리 교회학교에 가고 싶은데…"
"왜? 무슨 일이라도 있니?"
"아니요. 교회학교에 가는 게 재미있어서요. 목사님 설교도 재미있고, 친구들 만나는 것도 재미있고…. 그런데 저는요 우리 선생님하고 성경 공부하는 시간이 제일 재미있어요."
이런 아이가 있을까요? 그럼요. 물론 있고말고요. 요즈음 교회학교에서 이루어지는 성경 공부를 가만히 들여다보면 다양한 활동을 통하여 교육이 이루어집니다. 그래서인지 아이들이 성경 공부를 즐거워합니다. 이루어지는 활동들도 색칠하고, 오리고, 자르고, 붙이는 미술활동을 비롯하여 몸을 움직이는 운동활동까지 다양합니다.

곰곰 생각해보면 나이가 어린 아이들일수록 가만히 앉아 있기란 쉽지 않습니다. 하물며 가만히 앉아서 일방적으로 선생님의 이야기만 들어야 한다면 아이들에게 그것만큼 힘든 일도 없을 겁니다. 호기심 덩어리인 아이들은 무언가를 들여다봐야 하고, 만져봐야 하고, 몸을 움직여봐야 합니다. 이렇게 아이들이 꼼지락거리고 움직이고 생각하는 모든 것이 '활동'이라고 할 수 있습니다. 아이들은 활동을 통하여 인지능력이 발달하고 주어진 일을 더 잘 배울 수 있습니다. 왜냐하면 시각, 청각, 미각, 후각, 촉각 등 모든 감각기관을 다 동원하니까요. 다시 말하면 아이들은 온 몸으로 배우는 존재들이라고 할 수 있습니다.

이번에 출간하는 '말씀나라로 떠나는 워크북'은 미술, 음악, 운동, 요리 등 아이들이 즐거워하는 활동들을 통하여 성경을 이해하고 생활에 적용할 수 있도록 구성하였습니다. 성경은 세상 그 무엇보다 더 흥미진진한 세계입니다. 그 세계로 떠난다는 것은 몹시 기대되는 일입니다. 특히 성경 속의 여행은 공간뿐만 아니라 시간을 여행할 수도 있습니다. 창세기부터 요한계시록까지 펼쳐지는 여행은 놀라움이 가득합니다. 아이들은 '말씀나라로 떠나는 워크북'을 통하여 다양한 활동을 하면서 바로 이 성경 속을 여행하게 될 것입니다.

아무쪼록 '말씀나라로 떠나는 워크북'이 아이들의 영적 성장을 도울 수 있기를 소원합니다. 아울러 주님 안에서 아이들이 성장하기를 가르치고 기도하는 부모님과 선생님들의 좋은 교육 지침서가 되기를 기도합니다.

2008년 12월
한국장애인사역연구소 연구개발팀

CONTENTS 차례

Part 1 미술활동

01	글자 꾸미기 '하나님'	하나님	10
02	글자 꾸미기 '예수님'	예수님	12
03	글자 꾸미기 '성령님'	성령님	14
04	신문지로 포도송이 만들기	천지창조_풀과 나무	16
05	한지로 열매 만들기	천지창조_풀과 나무	18
06	춤추는 오징어 만들기	천지창조_물고기	20
07	순종의 손막대 만들기	제자를 부르신 예수님	22
08	지퍼백으로 나비 만들기	천지창조_동물	24
09	모양 포스트지로 밤하늘 꾸미기	천지창조_해와 달과 별	26
10	종이 접어 보리떡과 물고기 만들기	오천 명을 먹이신 예수님	28
11	색소금으로 무지개병 만들기	하나님의 약속	30
12	유월절 대문 꾸미기	유월절	32
13	종이봉투로 십계명 두 돌판 만들기	십계명	34
14	아빠 엄마 얼굴 꾸미기	네 부모를 공경하라	36
15	스티커로 양 꾸미기	선한 목자 예수님	38
16	고난의 십자가 만들기	십자가	40
17	철썩거리는 바다 만들기	바람과 파도를 잠잠케 하신 예수님	42
18	계란판으로 십자가 만들기	십자가	44

Part 2 · 운동활동

19	여리고성 무너뜨리기	여리고가 무너졌어요	48
20	회개기도하는 요나 되어보기	요나	50
21	열매 바구니로 하트 완성하기	서로서로 사랑해요	52
22	보자기로 인형 옮기기	중풍병자를 고치신 예수님	54
23	말씀 풍선 전달하기	하나님 말씀을 전해요	56
24	빈 병에 물 채우기	예수님 말씀에 순종해요	58

Part 3 · 음악활동

25	인형극_개구리가족 노래잔치	천지창조_동물	62
26	뮤지컬_농부 아저씨 과일 따기	감사와 십일조	64
27	뮤지컬_가상칠언	십자가	65
28	친구와 함께 왈츠를	다윗과 요나단	66

Part 4 · 요리활동

29	뻥튀기로 남자와 여자 만들기	천지창조_사람	70
30	뻥튀기로 천지창조하기	천지창조	72
31	식빵으로 만나 만들기	만나양식	74
32	과자로 케이크 만들기	성탄절, 사랑, 기도	76
33	과자로 꼬치 만들기	손님 대접	78

Part 1 미술활동

스티커 붙이기, 그리기, 오리기, 접기, 만들기, 쓰기 등의 소근육 운동을 통해 말씀의 내용을 구현해 내는 것이다. 이는 손과 손의 협응력, 사물에 대한 조작력, 손가락의 민첩성 등을 필요로 한다.

글자 꾸미기 '하나님'

01 하나님

- **본문말씀** 창세기 1:1~2:25, 요한1서 4:7~11
- **주제말씀** 요한1서 4:7~8
  사랑하는 자들아 우리가 서로 사랑하자 사랑은 하나님께 속한 것이니 사랑하는 자마다 하나님으로부터 나서 하나님을 알고 사랑하지 아니하는 자는 하나님을 알지 못하나니 이는 하나님은 사랑이심이라
- **기대효과** 하나님이 창조주이심과 사랑이심을 알 수 있다.

🌸 준비물
동그라미 스티커, 하트 스티커, 여러 가지(별, 구름, 새, 물고기, 동물, 사람) 모양의 스티커, 색지, 색연필

❄ 함께 나눠요
밝은 빛은 누가 만드셨나요? 하나님이 말씀으로 만드셨어요.
높은 하늘은 누가 만드셨나요? 하나님이 말씀으로 만드셨어요.
그럼 땅과 바다, 그리고 꽃과 나무는요? 하나님이 말씀으로 만드셨어요.
해와 달과 별은 누가 만드셨나요? 하나님이 말씀으로 만드셨어요.
새와 물고기, 모든 동물은요? 하나님이 말씀으로 만드셨지요.
마지막으로 사람은 누가 만드셨나요? 하나님이 자신의 형상을 따라 흙으로 사람을 만드시고 그 코에 생기를 불어 넣으셨어요. 하나님이 나도 만드셨지요.
하나님이 나를 사랑하셔서 이 모든 것들을 내게 주셨어요.

🐰 활동순서
① 여러 가지 모양의 스티커로 '하나님' 글자를 꾸민다.
② 하트 스티커로 '하나님' 글자를 꾸민다.
③ 동그라미 스티커로 '하나님' 글자를 꾸민다.

⭐ 교사지원
글자를 알고 완성도를 높이는 것보다 창조주 하나님과 사랑의 하나님을 가르치는 것이 중요해요.
학생으로 하여금 창조주이시며 사랑이신 하나님을 깨닫게 하시는 분은 교사가 아닌 성령님이세요.
골판지를 말아서 찍기 도구를 만들어 하나님 글자를 꾸며보세요.

골판지 찍기도구

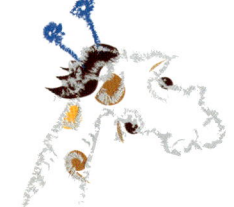

글자 꾸미기 '예수님'

02 예수님

- **본문말씀** 요한복음 6:35, 8:12, 14:6
- **주제말씀** 요한복음 6:35
  예수께서 이르시되 나는 생명의 떡이니 내게 오는 자는 결코 주리지 아니할 터이요 나를 믿는 자는 영원히 목마르지 아니하리라
- **기대효과** 예수님이 어떤 분이신지 알 수 있다.

🌼 준비물
컬러 지점토, 빵칼, 별 스티커, 색지, OHP 필름

 함께 나눠요
예수님은 어떤 분이실까요?
예수님은 생명의 떡이세요. 예수님은 생명의 빛이세요. 예수님은 나의 생명이세요.
예수님은 어떤 분이실까요?
예수님은 하나님의 아들이세요. 예수님은 사랑이세요. 예수님은 구원이세요.
그럼 예수님은 ○○에게 어떤 분이실까요?

🐢 활동순서
① 컬러 지점토로 가래 모양을 만들어 빵칼로 썬다.
② OHP 필름 위에 예수님 글자를 꾸며주고 OHP 필름으로 덮는다.
③ 별 스티커로 예수님 글자를 꾸며 빛 되신 예수님을 말해준다.
④ 다양한 재료로 '예수님' 글자를 꾸며보며 예수님이 어떤 분이신지 말해준다.

⭐ 교사지원
여러 가지 방법으로 글자 꾸미기 활동을 하면서 예수님을 가르쳐 주세요. 지점토에 여러 가지 콩을 박아 글자를 꾸며보세요.

글자 꾸미기 '성령님'

03 성령님

- **본문말씀** 요한복음 14:1~31, 로마서 8:18~30, 사도행전 2:1~13, 고린도후서 1:21~22
- **주제말씀** 요한복음 14:26
  보혜사 곧 아버지께서 내 이름으로 보내실 성령 그가 너희에게 모든 것을 가르치고 내가 너희에게 말한 모든 것을 생각나게 하리라
- **기대효과** 성령님이 우리를 하나님의 자녀라고 증거해 주시는 분이심을 알 수 있다.

🌼 준비물
뽕뽕이, 색지, 물감, 접시, 부직포, 꽃소금 또는 색모래, 양면테이프 또는 풀

❄ 함께 나눠요
성령님은 누구실까요? 성령님은 하나님이세요.
성령님은 우리를 하나님의 뜻대로 인도해주세요.
우리는 성령님을 따라 살아야 해요.
그러면 성령의 열매가 열려요.
성령의 열매는요? 사랑, 기쁨, 화평
또 성령의 열매는요? 오래 참음, 자비, 착함
또 성령의 열매는요? 성실, 온유, 절제
날마다 성령님의 도우심을 구하며
하나님의 말씀대로 살아요.

🐰 활동순서
① 뽕뽕이 도장 또는 엄지 지장으로 '성령님' 글자를 꾸민다.
② 검은 색지에 물풀로 '성령님' 글씨를 써 놓은 후 색모래를 뿌리고 입으로 분다.

⭐ 교사지원
병뚜껑을 모아 동그라미 스티커를 붙인 후 글자 맞추기 활동에 이용해보세요.
뽕뽕에 나무젓가락을 꽂아 글루건으로 고정시켜 뽕뽕이 도장을 만들어보세요.

이렇게도 만들어보세요.

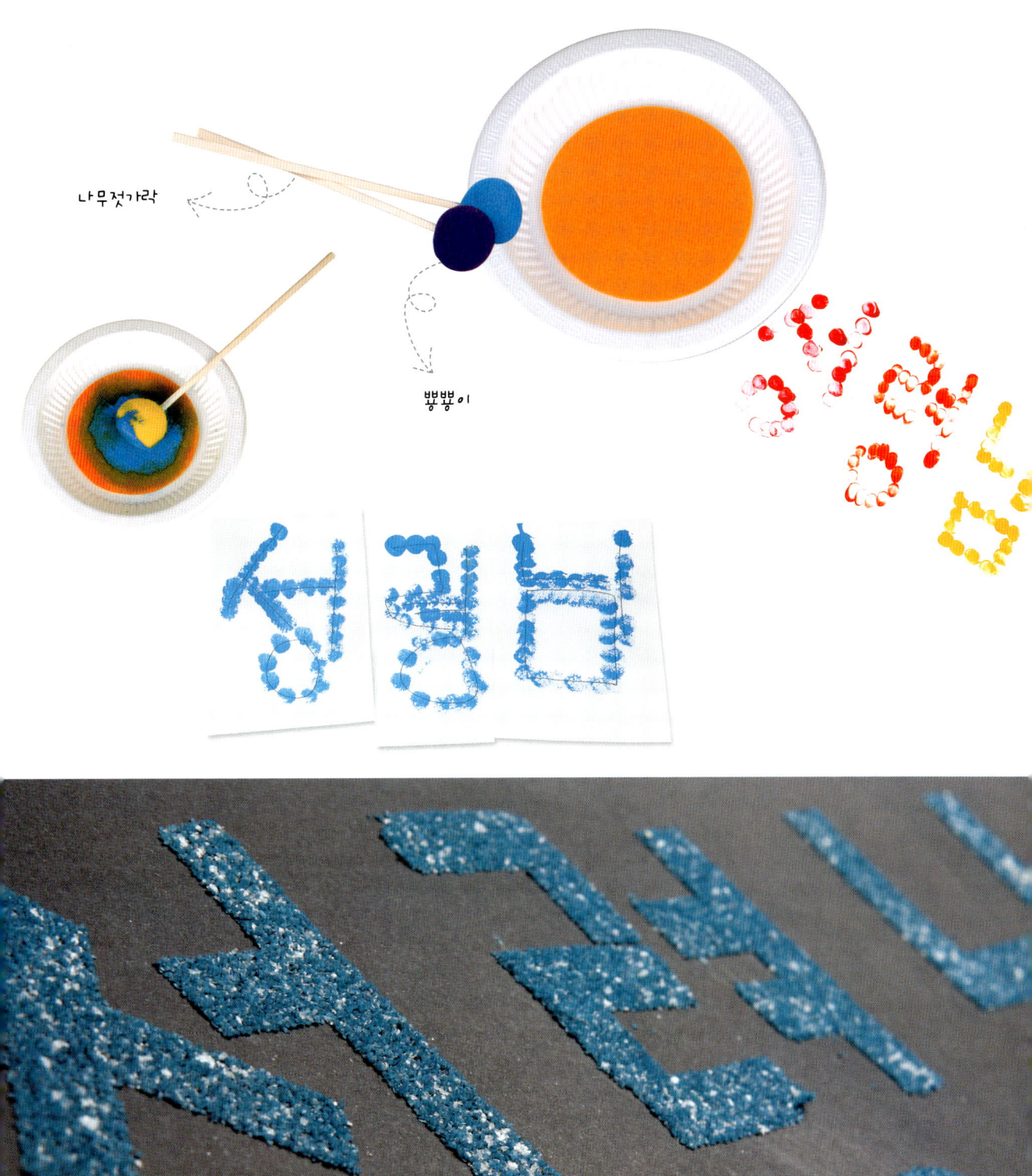

신문지로 포도송이 만들기

04 **천지창조_풀과 나무**

- **본문말씀**   창세기 1:11~13
- **주제말씀**   창세기 1:12
  땅이 풀과 각기 종류대로 씨 맺는 채소와 각기 종류대로 씨 가진 열매 맺는 나무를 내니 하나님이 보시기에 좋았더라
- **기대효과**   하나님이 말씀으로 나무를 만드셨음을 알 수 있다.

 준비물

신문지, 투명테이프, 양면테이프, 색지, 보라색 한지, 색연필

 함께 나눠요

포도밭에 포도가 탱글 탱글
탱글 탱글 탱글 탱글 잘도 열렸네.
자기 혼자 컸을까? 아니 아니죠.
정말 혼자 컸을까? 아니 아니죠.
위에 계신 하나님이 키워 주셨죠.

 활동순서

① 신문지를 동그랗게 말아서 투명테이프를 붙여 풀리지 않게 한다.
② 동그랗게 말아놓은 신문지를 가위로 적당한 크기로 잘라 놓는다.
③ 양면테이프를 떼어 포도알(가위로 잘라놓은 신문지)을 붙인다.
④ 보라색 한지를 구겨 동그란 모양 안을 채워준다.

교사지원

신문지 말이를 이용하여 애벌레, 글자 꾸미기 등 다양한 활동을 해보세요.
신문지 대신 병뚜껑을 이용해서 포도송이를 만들어보세요.
포도나무를 만들어 각자 만든 포도송이를 매달아 공동작품을 완성해보세요.

한지로 열매 만들기

05 천지창조_풀과 나무

- **본문말씀**   창세기 1:11~13
- **주제말씀**   창세기 1:11
  하나님이 이르시되 땅은 풀과 씨 맺는 채소와 각기 종류대로 씨 가진 열매 맺는 나무를 내라 하시니 그대로 되어
- **기대효과**   하나님이 말씀으로 나무를 만드셨음을 알 수 있다.

🌼 준비물
신문지, 주황색 또는 빨강색 한지, 연두색 뽕뽕이, 초록색 동그라미 스티커, 실, 풍선, 유성매직

❄ 함께 나눠요
감나무는 누가 만드셨나요?
하나님이 말씀으로 감나무를 만드셨어요.
감나무에 감이 주렁주렁 열렸어요.
자기 혼자 컸을까요? 아니 아니죠.
정말 혼자 컸을까요? 아니 아니죠.
감나무를 만드신 하나님이 키워주셨죠.

🌐 활동순서
① 신문지를 공 모양으로 동그랗게 뭉친다.
② 한지를 적당한 크기로 잘라서 신문지 뭉치를 싸고 풀 또는 양면테이프로 고정시킨다.
③ 연두색 뽕뽕이 또는 동그라미 스티커로 꼭지를 만들고 실을 달아준다.

⭐ 교사지원
풍선과 한지를 이용해 수박과 참외도 만들어보세요.
나뭇가지에 노란 리본을 묶어 개나리를 만들고,
풍선을 이용해 사과나무를 만들어보세요.

이렇게도 만들어 보세요.

감나무는 누가 만드셨나요?

하나님이 말씀으로 감나무를 만드셨어요.

정말 혼자 컸을까요? 아니 아니죠.

감나무를 만드신 하나님이 키워주셨죠.

춤추는 오징어 만들기

06 천지창조_물고기

- **본문말씀**   창세기 1:20~23
- **주제말씀**   창세기 1:21
  하나님이 큰 바다 짐승들과 물에서 번성하여 움직이는 모든 생물을 그 종류대로 날개 있는 모든 새를 그 종류대로 창조하시니 하나님이 보시기에 좋았더라
- **기대효과**   하나님이 바다에 있는 물고기를 만드셨음을 알 수 있다.

🌸 준비물
풍선, 반짝이 재료들, 동그라미 스티커, 색종이, 색지, 옷걸이, 헌 스타킹, 모형 눈알

❄ 함께 나눠요
물고기 잡으러 바다로 갈까요? 물고기 잡으러 강으로 갈까요?
그런데 물고기를 누가 만드셨을까요? 하나님이 종류대로 만드셨어요.
엄마가 맛있게 요리해주신 고등어 구이, 참치 찌개. 냠냠 맛있게 먹어요.
바닷속 깊은 곳에는 정말 희한한 물고기들이 있대요.
바다에 사는 말 해마, 못생긴 복어, 무서운 상어, 다리가 많은 오징어.
하나님이 만드신 오징어가 바닷속에서 춤을 추어요.

🌏 활동순서
① 색종이 또는 색지를 세모 모양으로 접고 네모 색종이를 아래에 붙인다.
② 신문지를 길게 찢어 만든 오징어 다리를 네모 색종이에 붙여준다.
③ 몸통을 꾸미고 눈과 무늬를 그려준다.
④ 나무젓가락에 고무줄을 달아 연결해준다.

⭐ 교사지원
옷걸이와 스타킹을 이용하여 다양한 물고기를 만들어보세요.
철사 옷걸이를 세모 모양으로 만들어 헌 스타킹을 씌워 물고기를 만들어보세요.

순종의 손막대 만들기

07 제자를 부르신 예수님

- **본문말씀** 마가복음 1:16~20
- **주제말씀** 마가복음 1:17
  예수께서 이르시되 나를 따라오라 내가 너희로 사람을 낚는 어부가 되게 하리라 하시니
- **기대효과** 예수님이 말씀하실 때 순종할 수 있다.

 준비물
그물망, 색지, 스티커, 사인펜

함께 나눠요
예수님께서 그물을 던지고 있는 어부들을 보셨어요.
예수님께서 부르셨어요. "시몬아, 안드레야! 나를 따라오너라."
시몬과 안드레는 그물을 버려두고 예수님을 따라갔어요.
우리도 예수님께서 부르실 때 "네"하며 손 들고 따라가요.
예수님께서 부르세요. "사랑아, 나를 따라오너라."
"네, 예수님! 따라갈게요."
사랑하는 마음으로 예수님께 순종해요. 예수님께 순종하면 기쁘답니다.

활동순서
① 그물망을 쥐었다가 놓고 두 장 겹친 색지 위에 손을 펴서 얹는다.
② 사인펜으로 자신의 손 모양을 본뜬다.
③ 손 모양을 따라 자르고 손 모양을 꾸민 후 '네, 따라갈게요' 라고 적는다.
④ 두 장의 손 모양 사이에 빨대로 손잡이를 만든다.

 교사지원
그물망대신 양파망을 이용해도 좋아요.
'예수님께서 부르셨어요' 라는 찬양을 부르면서 질문하고 대답하는 활동을 진행해보세요.

지퍼백으로 나비 만들기

08 **천지창조_동물**

- **본문말씀** 창세기 1:24~25
- **주제말씀** 창세기 1:24
  하나님이 이르시되 땅은 생물을 그 종류대로 내되 가축과 기는 것과 땅의 짐승을 종류대로 내라 하시니 그대로 되니라
- **기대효과** 하나님이 모든 동물을 만드셨음을 알 수 있다.

🌼 준비물

지퍼백, 한지, 각 티슈, 모루, 여러 가지 스티커, 유성매직, 재활용 플라스틱 용기, 색종이, 양면테이프, 모형 눈알

 함께 나눠요

여섯 째 날 하나님이 모든 동물들을 만드셨어요.
집에서 기르는 돼지, 소, 말, 양, 닭을 만드시고,
산과 들에 사는 사자, 호랑이, 기린, 고슴도치, 뱀을 만드시고,
땅에서 기어 다니는 메뚜기, 사마귀, 거미, 딱정벌레, 개똥벌레를 만드셨지요.
사자 얼굴에 멋진 털을 선물하시고,
나비에게는 예쁜 날개를 선물하셨죠.
사자와 나비, 모든 동물을 하나님이 만드셨어요.

🐰 활동순서

① 지퍼백에 한지 또는 각 티슈를 넣는다.
② 모루로 가운데를 묶어 나비 모양을 만든다.
③ 스티커 또는 뽕뽕이로 날개를 꾸미고 모형 눈알을 붙인다.

⭐ 교사지원

꽃을 장식하고 각자 만든 나비를 붙여 공동작품을 완성해보세요.
다양한 재료를 사용하여 나비날개를 꾸며보세요.
요거트 용기를 이용해 사자를 만들어보세요.

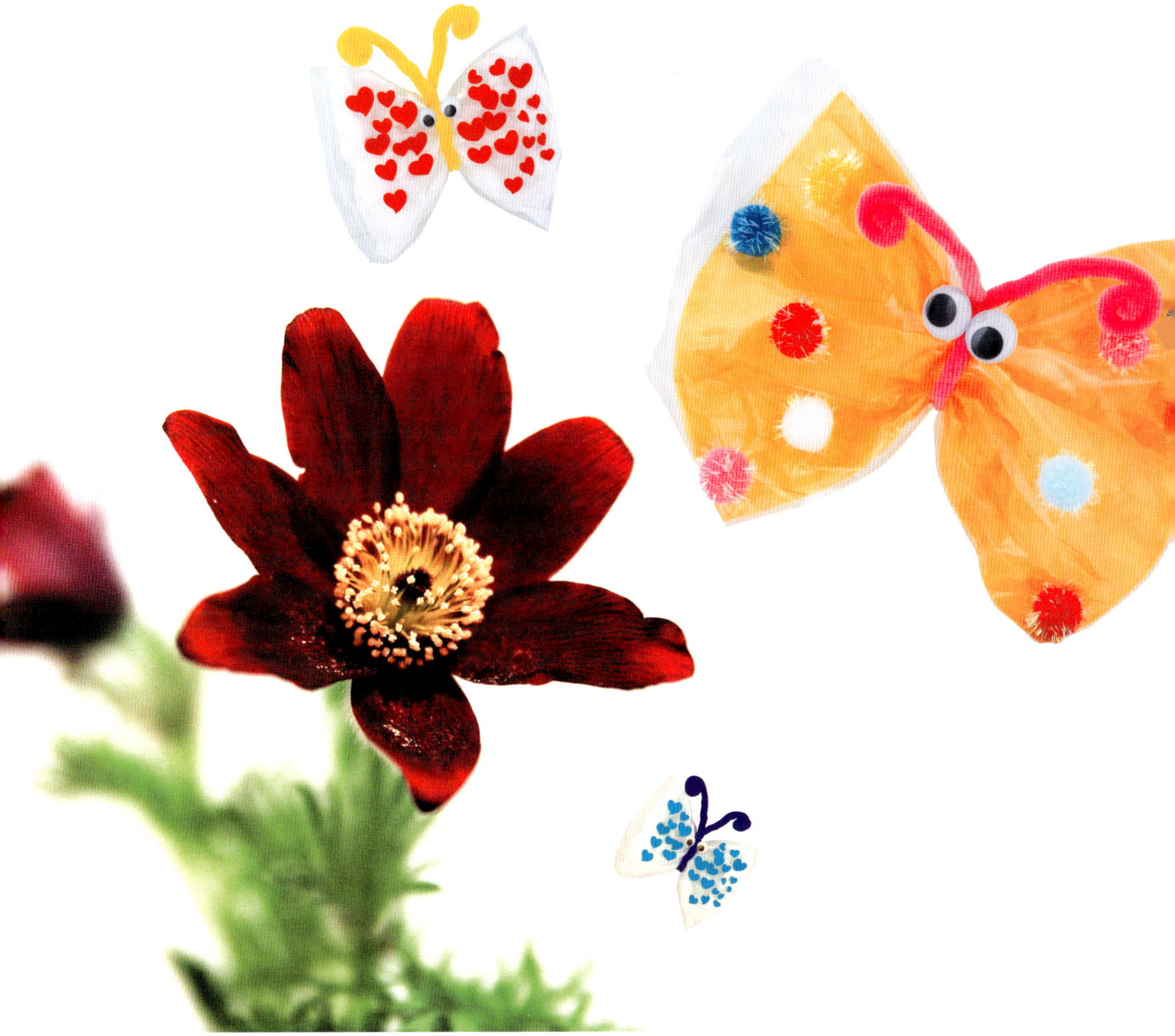

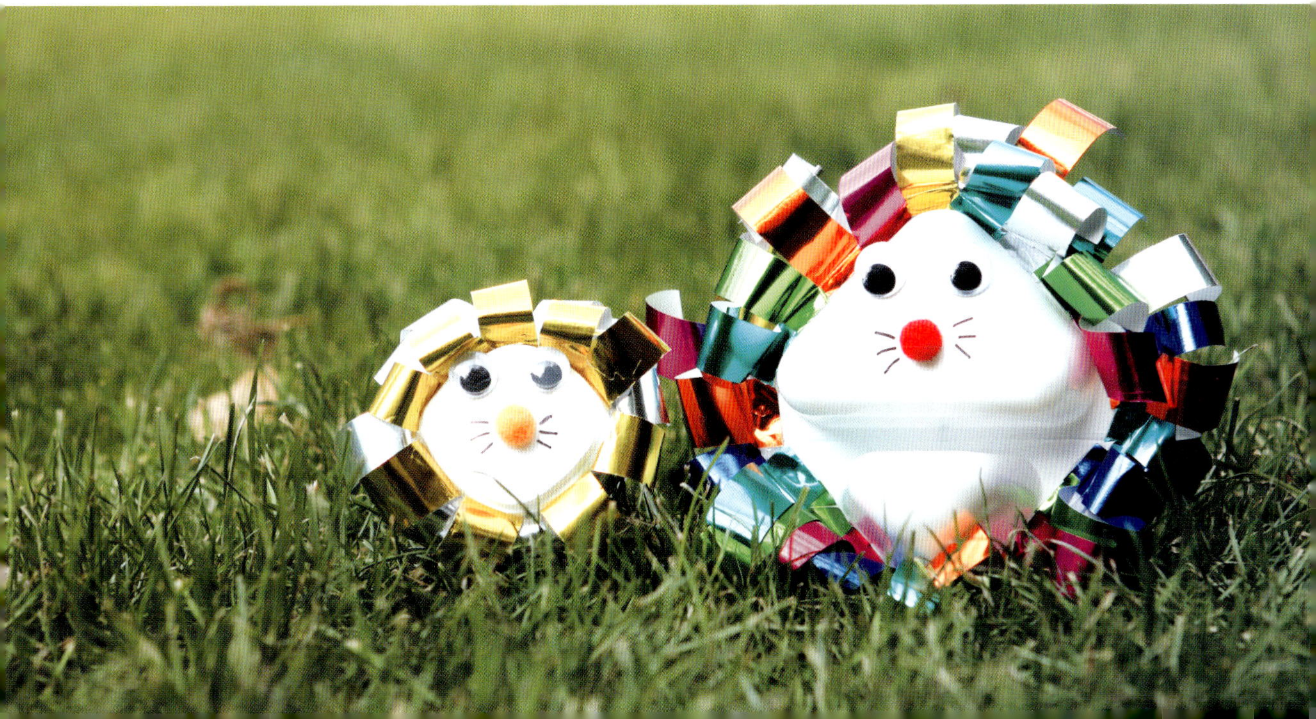

모양 포스트지로 밤하늘 꾸미기

09 천지창조_해와 달과 별

- **본문말씀** 창세기 1:1~31
- **주제말씀** 창세기 1:16~17
  하나님이 두 큰 광명체를 만드사 큰 광명체로 낮을 주관하게 하시고 작은 광명체로 밤을 주관하게 하시며 또 별들을 만드시고 하나님이 그것들을 하늘의 궁창에 두어 땅을 비추게 하시며
- **기대효과** 하나님이 말씀으로 해와 달과 별을 만드신 분임을 알 수 있다.

🌼 준비물
색지, 여러 가지 모양의 포스트지(별, 나비, 사과, 하트), 여러 가지 스티커

❄ 함께 나눠요
밤하늘에 떠 있는 둥근 저 달은 누가 만드셨을까요?
이 땅을 밝게 비추라고 하나님이 말씀으로 만드셨어요.
그럼 반짝반짝 예쁜 저 별은요? 이 땅을 환하게 비추라고 하나님이 말씀으로 만드셨어요.
해로 밝은 낮을 다스리게 하시고, 달과 별로 어두운 밤을 다스리게 하셨어요.
다윗 왕이 위대하신 하나님을 찬양했어요.
여호와 우리의 주님이시여! 주님의 이름이 온 땅에 어찌 그리 장엄한지요?
주님께서 하늘 위에 주님의 찬란한 영광을 두셨습니다.
주님의 하늘을 바라봅니다. 주님의 손가락으로 지으신 하늘을 생각해봅니다.
주님께서 하늘에 자리를 정해 준 달과 별들을 생각해봅니다.

🐚 활동순서
① 검은 색지를 준비한다.
② 검은 색지 위에 별 모양의 포스트지를 붙인다.
③ 하나님이 밤하늘의 별을 만드셨음을 알게 한다.

⭐ 교사지원
해와 달과 별을 만드신 하나님이 다른 것들도 만드셨음을 말씀해주세요.
그리고 사과 모양과 나비 모양의 포스트지를 이용해 사과나무와 나비를 꾸며보세요.

미술활동 27

종이 접어 보리떡과 물고기 만들기

10 오천 명을 먹이신 예수님

- **본문말씀** 요한복음 6:1~15
- **주제말씀** 요한복음 6:9
  여기 한 아이가 있어 보리떡 다섯 개와 물고기 두 마리를 가지고 있나이다 그러나 그것이 이 많은 사람에게 얼마나 되겠사옵나이까
- **기대효과** 예수님이 우리의 어려움을 해결하실 수 있음을 알 수 있다.

🌸 준비물
색지, 여러 가지 재료(스티커, 실, 빨대, 반짝이, 모루), 색연필

함께 나눠요
한 어린 아이에게 보리떡 다섯 개와 물고기 두 마리가 있었어요.
어린 아이는 보잘 것 없지만 그것을 예수님께 드렸어요.
예수님께서 사람들을 잔디에 앉게 하셨어요.
그리고 보리떡 다섯 개와 물고기 두 마리를 놓고
하늘을 바라보시며 하나님께 기도했어요.
어떻게 되었을까요? 놀라운 일이 생겼어요.
오천 명의 사람들이 배불리 먹고 열 두 바구니가 남았어요.
예수님이 최고에요.
내가 가진 모든 것을 예수님께 드려요. 예수님, 받아주세요.

🐌 활동순서
① 색지를 주름접기로 접어 위와 아래 선을 주의하여 하나로 연결되도록 모양을 만든다.
② 물고기 위에 여러 가지 재료를 이용하여 꾸며준다. ③ 보리떡도 꾸며준다.
④ 줄을 이용하여 물고기와 보리떡을 집게로 매달아준다.

⭐ 교사지원
완성한 물고기를 들고 찬양을 부르면서 많아진 물고기를 펼쳐보세요.
주름접기를 어려워하는 학생이라면 교사가 주름접기를 미리 준비해오세요.

오천 명의 사람들이 배불리 먹고
빵과 물고기가 열 두 바구니가 남았어요.

색소금으로 무지개병 만들기

11 하나님의 약속

- **본문말씀** 창세기 9:8~17
- **주제말씀** 창세기 9:14~15
  내가 구름으로 땅을 덮을 때에 무지개가 구름 속에 나타나면 내가 나와 너희와 및 육체를 가진 모든 생물 사이의 내 언약을 기억하리니 다시는 물이 모든 육체를 멸하는 홍수가 되지 아니할지라
- **기대효과** 하나님은 약속을 지키시는 분임을 믿음으로 고백할 수 있다.

🌸 준비물
파스텔, 꽃소금, 작은 주스병, 하얀 색지 또는 부직포

❄ 함께 나눠요
구름 속에 있는 무지개, 하나님의 무지개!
다시는 모든 생물을 홍수로 멸하지 않겠다고
하나님이 약속하신 표시예요.
빨주노초파남보 예쁜 무지개,
빨주노초파남보 고운 무지개.
구름 속의 무지개를 보면
약속을 꼭 지키시는 약속의 하나님이 생각나요.

🐰 활동순서
① 종이 위에 파스텔을 문지른 후 꽃소금을 얹고 비벼준다.
② 무지개 색소금을 만들어 담아둔다.
③ 주스병에 무지개 색 순서대로 담는다.
④ 부직포로 만든 구름을 꼬마병 위에 붙여준다.

⭐ 교사지원
아이들이 꽃소금을 먹지 않도록 주의시켜 주세요.
파스텔 대신 식용색소를 사용하면 더 안전해요.

'무지개'는
하나님이 약속하신 표시예요.

유월절 대문 꾸미기

12 유월절

- **본문말씀** 출애굽기 12:1~14
- **주제말씀** 출애굽기 12:7
  그 피를 양을 먹을 집 좌우 문설주와 인방에 바르고
- **기대효과** 유월절 어린양이 구원자 되시는 예수 그리스도를 상징한다는 것을 알 수 있다.

🌸 준비물
도화지, 색연필, 빨간 동그라미 스티커

❄️ 함께 나눠요
유월절에 이스라엘 사람들은 양을 잡아 불에 구워먹고
그 피를 집 문틀의 옆과 위에 발랐어요.
그리고 집 밖으로 나가지 않고 집 안에 있었어요.
그 집 안에 있는 첫째 아들은 죽지 않고 구원을 받았어요.
하지만 양의 피를 바르지 않은 집의 첫째 아들은 죽었어요.
이 어린양은 우리를 구원하시기 위하여 십자가에서 돌아가신 예수님을 상징해요.
예수님을 믿으면 구원받아요.
어린양 되신 예수님을 꼭 믿으세요.

🐰🌏 활동순서
① 도화지 위에 집을 그린 후 문을 그린다.
② 문틀 옆과 위에 빨간 동그라미 스티커를 붙인다.

⭐ 교사지원
스티커 대신 빨간색 물감으로 색칠해보세요.
유월절 어린양이 바로 예수 그리스도를 상징한다는 것을 가르쳐주세요.

문틀 옆과 위에 빨간 동그라미 스티커를 붙여주세요.

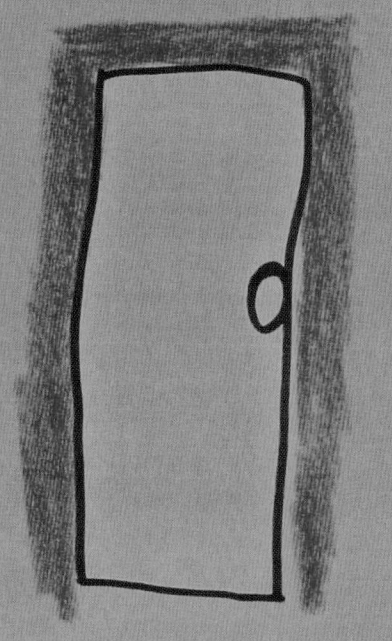

내가 애굽 땅을 칠 때에
그 피가 너희가 사는 집에 있어서
너희를 위하여 표적이 될지라
내가 피를 볼 때에 너희를
넘어가리니 재앙이 너희에게
내려 멸하지 아니하리라
출애굽기 12장 13절

어린 양의 피
= 예수님의 피

십자가

종이봉투로 십계명 두 돌판 만들기

13 십계명

- **본문말씀** 신명기 5:1~21
- **주제말씀** 신명기 5:22
  여호와께서 이 모든 말씀을 산 위 불 가운데 구름 가운데 흑암 가운데에서 큰 음성으로 너희 총회에 이르신 후에 더 말씀하지 아니하시고 그것을 두 돌판에 써서 내게 주셨느니라
- **기대효과** 하나님이 말씀하신 십계명을 마음을 다해 지킬 수 있다.

준비물
종이봉투, 사인펜, 하트 스티커, 신문지

함께 나눠요
하나님이 하나님의 백성들에게 열 가지 계명을 주셨어요.

1. 나 외에는 다른 신들을 두지 말라.
2. 우상을 만들지 말라.
3. 여호와 하나님의 이름을 함부로 부르지 말라.
4. 안식일을 기억하여 거룩하게 지키라.
5. 네 아버지와 어머니를 잘 섬겨라.
6. 사람을 죽이지 말라.
7. 간음하지 말라.
8. 도둑질 하지 말라.
9. 이웃에 대하여 거짓 증언하지 말라.
10. 이웃의 재산을 탐내지 말라.

활동순서
① 신문지와 종이봉투 두 장을 준비한다. ② 신문지를 납작하게 구긴다.
③ 종이봉투 겉면에 십계명을 쓴다. ④ 하트스티커를 붙여 완성한다.

교사지원
글씨 쓰기를 어려워하는 학생은 돌멩이에 하트스티커를 붙이는 활동으로 조정해주세요.

이렇게도 만들어보세요.

아빠 엄마 얼굴 꾸미기

14 네 부모를 공경하라

- **본문말씀**   신명기 5:16
- **주제말씀**   신명기 5:16
  너는 네 하나님 여호와께서 명령한 대로 네 부모를 공경하라 그리하면 네 하나님 여호와가 네게 준 땅에서 네 생명이 길고 복을 누리리라
- **기대효과**   하나님 말씀처럼 아빠 엄마를 잘 섬길 수 있다.

🌼 준비물
도화지, 고장 난 녹음테이프 또는 털실, 양면테이프, 하트 스티커

🦋 함께 나눠요
하나님께서 아빠 엄마를 잘 섬기라고 말씀하셨어요.
그러면 하나님께서 복을 주신다고 약속하셨어요.
아빠 엄마를 사랑하세요.
아빠 엄마를 기쁘게 도와드리세요.
아빠 엄마에게 고백해요.
"아빠, 사랑해요. 엄마, 사랑해요."
하나님께서 주신 최고의 선물은 바로 아빠 엄마에요.
하나님 말씀처럼 아빠 엄마를 잘 섬기며 사랑할래요.

🐰 활동순서
① 도화지에 아빠 엄마 얼굴을 그린다.
② 머리 부분에 양면테이프를 붙이고 뗀다.
③ 녹음테이프 또는 털실로 장식해준다.
④ 하트 스티커를 붙여 아빠 엄마를 꾸며준다.

⭐ 교사지원
그림 그리기를 어려워하는 학생이라면 엄마 그림이나 사진을 준비하여 엄마의 머리를 꾸미게 해보세요.
아빠 엄마 이름을 알고 있다면 아빠 엄마의 이름을 그림 밑에 넣어주세요.

어머니 사랑해요

폭죽속을 사용했어요.

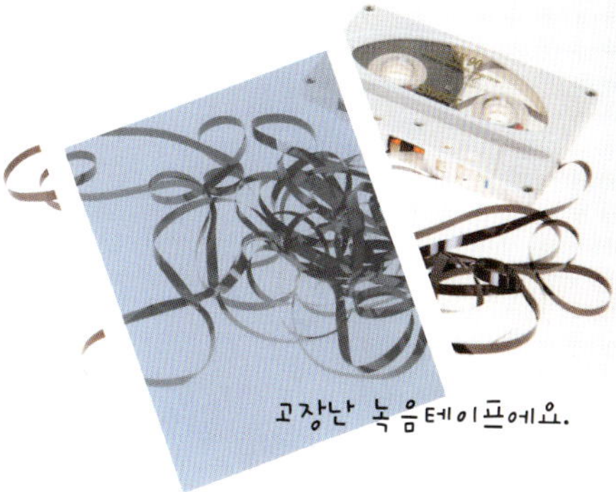

고장난 녹음테이프에요.

스티커로 양 꾸미기

15 선한 목자 예수님

- **본문말씀** 요한복음 10:1~18
- **주제말씀** 시편 23:1
  여호와는 나의 목자시니 내게 부족함이 없으리로다
- **기대효과** 예수님이 선한 목자이심을 알 수 있다.

🌸 준비물
색지, 색연필, 흰색 동그라미 스티커 또는 솜

❄ 함께 나눠요
목자가 양들의 이름을 불러요.
양은 목자의 소리를 듣고 따라가지요.
예수님은 나의 선한 목자세요.
나는 예수님의 양이에요.
예수님은 나를 기르시는 목자, 나는 예수님의 귀한 어린양.
예수님은 나를 푸른 풀밭 맑은 시냇물가로 인도해주세요.
예수님은 나의 좋은 목자, 나는 그의 어린양.
예수님이 나를 항상 보살펴 주시니까
내게 부족함이 전혀 없어요.

🐰 활동순서
① 색지에 양을 그린다. ② 흰색 동그라미 스티커로 양털을 꾸며준다.
③ 라벨을 양에 붙이고 자신의 이름을 쓴다. ④ 예수님 그림 밑에 양을 붙인다.

⭐ 교사지원
찬송가 '주는 나를 기르시는 목자'를 교사가 불러주며 활동해보세요.
예수님의 모습이 크게 그려진 그림을 준비하고
푸른 풀밭을 만들어 각자 자신이 만든 양을 붙여주세요.

고난의 십자가 만들기

16 십자가

- **본문말씀** 마태복음 27:32~56
- **주제말씀** 로마서 5:8
  우리가 아직 죄인 되었을 때에 그리스도께서 우리를 위하여 죽으심으로 하나님께서 우리에 대한 자기의 사랑을 확증하셨느니라
- **기대효과** 우리의 죄를 대신하여 예수님께서 십자가에서 돌아가셨음을 믿을 수 있다.

준비물
지점토, 빨대, 계란판, 빨간색 시트지 또는 접착 부직포

함께 나눠요
저희의 죄 때문에 예수님께서 십자가를 지셨어요.
죄 없는 예수님께서 십자가를 지셨어요.
머리의 가시관과 허리에 난 창 자국은
저희를 사랑하시는 예수님의 마음이죠.
저희의 죄 때문에 예수님께서 골고다 언덕에서
말없이 십자가를 지셨어요.
고난의 채찍 소리, 고통의 망치 소리
모든 죄를 깨끗이 씻는 소리

활동순서
① 지점토로 십자가 모양을 만든다.
② 빨대를 뾰족하게 자르고 지점토에 꽂는다.
③ 계란판을 십자가 모양으로 잘라 놓는다.
④ 그 위에 하트 모양 시트지 또는 접착 부직포를 붙인다.

교사지원
학생들로 하여금 뾰족 빨대의 아픔을 느껴보게 한 후 예수님의 고통을 말해주세요.
나무를 실로 엮어 십자가를 만들어보세요.

철썩거리는 바다 만들기

17 바람과 파도를 잠잠케 하신 예수님

- **본문말씀** 마가복음 4:35~41
- **주제말씀** 마가복음 4:39
  예수께서 깨어 바람을 꾸짖으시며 바다더러 이르시되 잠잠하라 고요하라 하시니 바람이 그치고 아주 잔잔하여지더라
- **기대효과** 예수님께서 세상을 다스리시는 분임을 알고 믿을 수 있다.

 준비물

페트병, 파란색 빨대, 파란색 물감, 물, 수수깡

 함께 나눠요

바람이 쌩쌩쌩 파도가 철썩철썩
큰일났어요. 무서워요. 어떡하죠?
"예수님, 도와주세요."
예수님이 바람을 꾸짖으시며 말씀하셨어요.
"바다야, 잠잠하라! 고요하라!"
바람과 파도가 잠잠해졌어요.
바람과 파도가 예수님 말씀에 순종했어요.
예수님이 최고에요.

 활동순서

① 깨끗한 페트병을 준비한다.
② 파란색 빨대를 잘라 페트병 안에 넣는다.
③ 또는 파란색 물을 넣는다.
④ 귀에 대고 흔들어 파도 소리를 들어본다.
⑤ 수수깡으로 배 모양을 만들어 넣는다.

⭐ **교사지원**

수수깡에 학생 이름과 예수님 글자를 적어 넣어주세요.

수수깡으로 배 모양을 만들어보세요.

바람이 쌩쌩쌩 파도가 철썩철썩 큰일났어요. 무서워요. 어떡하죠?

바람과 파도가 예수님 말씀에 순종했어요.

미술활동 43

계란판으로 십자가 만들기

18 십자가

- **본문말씀** 요한복음 19:1~42
- **주제말씀** 에베소서 1:7
  우리는 그리스도 안에서 그의 은혜의 풍성함을 따라 그의 피로 말미암아 속량 곧 죄 사함을 받았느니라
- **기대효과** 예수님이 우리 죄를 지시고 십자가에서 돌아가심으로써 우리가 구원받았음을 알 수 있다.

🌼 준비물

계란판, 빨간색 또는 검정색 한지, 셀로판지, 각 티슈

❄ 함께 나눠요

나를 구원하시기 위해 이 땅에 오신 예수님.
나 대신 십자가에서 죽으셨어요.
십자가는 나를 향한 예수님의 사랑이에요.
예수님 사랑 십자가 사랑
십자가 사랑 완전한 사랑
예수님의 십자가 사랑을 따라
나도 내 이웃과 친구들을 사랑할래요.

🐰 활동순서

① 빨간색 한지를 구겨 십자가를 완성한다.
② 검은색 한지를 구겨 십자가를 완성한다.
③ 부활절에는 각 티슈를 구겨 십자가를 완성한다.

⭐ 교사지원

완성한 계란판을 모아 공동작품으로 십자가를 완성해보세요.
계란판 구멍을 이용해 숫자와 글자를 만들어보세요.

이렇게도 만들어보세요.

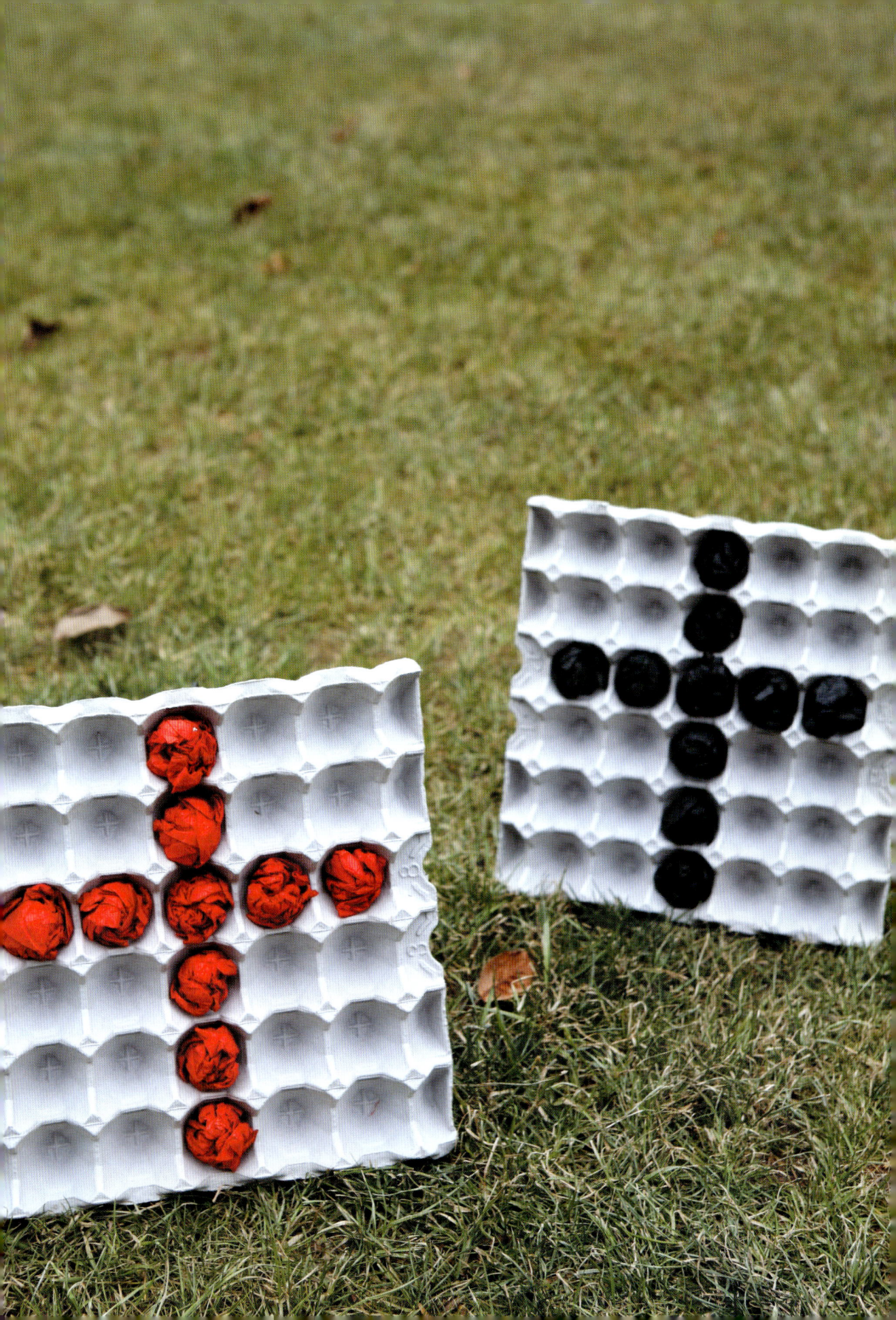

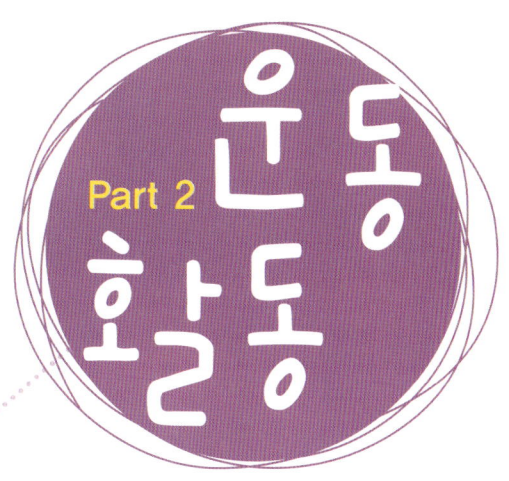

Part 2 운동활동

신체 기능을 향상시키기 위한 인체의 움직임을 말한다. 또한 일정한 규칙과 방법에 따라 신체의 기량이나 기술을 겨루기도 한다. 운동활동은 대근육 운동을 통해 이루어지며 다양한 도구들을 활용하여 말씀을 직접 몸으로 체험하는 활동이다.

여리고성 무너뜨리기

19 여리고가 무너졌어요

- **본문말씀** 여호수아 6:1~27
- **주제말씀** 여호수아 6:3~4
  너희 모든 군사는 그 성을 둘러 성 주위를 매일 한 번씩 돌되 엿새 동안을 그리하라 제사장 일곱은 일곱 양각 나팔을 잡고 언약궤 앞에서 나아갈 것이요 일곱째 날에는 그 성을 일곱 번 돌며 그 제사장들은 나팔을 불 것이며
- **기대효과** 여리고성을 무너뜨리신 하나님은 능력의 하나님이심을 알 수 있다.

🌸 준비물
밧줄, 상자, 나팔

❄ 함께 나눠요
하나님께서 여호수아에게 여리고성을 무너뜨릴 수 있는 방법을 말씀해주셨어요.
첫째 날 성을 한 바퀴 돌고, 둘째 날 성을 또 한 바퀴 돌고, 셋째 날 성을 또 한 바퀴 돌고, 넷째 날 성을 또 한 바퀴 돌고, 다섯 째 날 성을 또 한 바퀴 돌고, 여섯 째 날 성을 또 한 바퀴 돌았어요. 일곱째 날에는 성을 일곱 바퀴 돌았어요. 그리고 마지막 바퀴를 다 돌고 나서 양각 나팔을 길게 불었어요.
그러자 하나님께서 여리고성을 무너뜨려주셨어요.
여호수아와 이스라엘 백성들이 하나님의 말씀대로 순종하자 놀라운 일이 생긴 거예요.
하나님은 능력의 하나님이세요. 우리도 믿음으로 하나님의 말씀에 순종하면 놀라운 일이 생긴답니다.

🎨 활동순서
① 동그랗게 만든 밧줄을 동그랗게 서서 잡고 돌리는 연습을 한다.
② 시작 신호에 맞춰 줄의 빨간표시를 기준으로 13바퀴를 돌린다.
③ 나팔을 길게 불며 "외치라, 하나님께서 이 성을 너희에게 주셨느니라"라고 외친다.
④ 상자를 무너뜨리고 승리의 함성을 지른다.

⭐ 교사지원
동그란 밧줄로 돌리는 연습을 천천히, 그리고 충분히 해주세요. 하루가 지날 때 해가 지고 달이 뜨는 시각 자료를 이용해주세요. 선행 활동으로 고무파이프와 소리 도구를 이용하여 나팔을 만들어보세요.

1. 13바퀴를 돌려주세요.

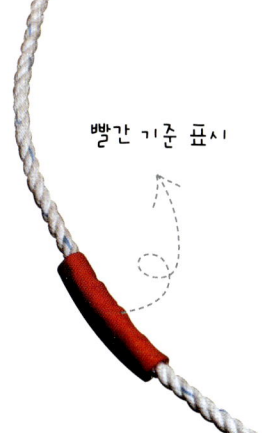

빨간 기준 표시

2. "외치라, 하나님께서 이 성을 너희에게 주셨느니라."

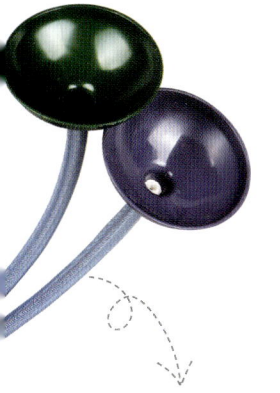

이렇게 만들어보세요.

3. 상자를 무너뜨리고 승리의 함성을 질러보세요.

회개기도하는 요나 되어보기

20 요나

- **본문말씀** 요나 1:17~2:10
- **주제말씀** 요나 1:17~2:1
  여호와께서 이미 큰 물고기를 예비하사 요나를 삼키게 하셨으므로 요나가 밤낮 삼일을 물고기 뱃속에 있으니라 요나가 물고기 뱃속에서 그의 하나님 여호와께 기도하여
- **기대효과** 하나님은 회개하는 사람을 용서하시는 분임을 알 수 있다.

🌺 준비물
파란 천 또는 비닐 통로, 물고기 모양 구멍 뚫린 색지 세 장

❄ 함께 나눠요
요나가 물고기 뱃속에서 하나님께 기도했어요.
"내가 고통 중에 하나님께 부르짖으니 내게 대답해주세요.
내가 여호와 하나님을 기억하오니 나를 구해주세요.
내가 주께 감사하고 주를 찬양해요.
나의 구원은 여호와 하나님께 있어요. 아멘."
기도를 마치자 하나님께서 요나의 기도를 들으시고
물고기에게 말씀하시니 물고기가 요나를 마른 땅 위에 뱉어냈어요.
하나님이 요나의 회개기도를 들어주셨어요.

🌏 활동순서
① 기도 손을 모으고 출발선에 선다.
② 파란 천을 통과한다.
③ 물고기 모양 구멍을 세 번 통과한다.

⭐ 교사지원
기도 손을 모으고 출발할 수 있도록 도와주세요.
색지 대신 천에 물고기 모양의 구멍을 뚫어 사용해보세요.

1. '기도손'하고 출발선에~

2. 파란 천을 통과해주세요.

3. 세 번 통과해주세요.

열매 바구니로 하트 완성하기

21 서로서로 사랑해요

- **본문말씀** 요한1서 4:7~12
- **주제말씀** 요한1서 4:11
  사랑하는 자들아 하나님이 이같이 우리를 사랑하셨은즉 우리도 서로 사랑하는 것이 마땅하도다.
- **기대효과** 하나님이 우리를 사랑하신 것 같이 우리도 서로 사랑할 수 있다.

 준비물

풍선, 접착 우드락, 바구니, 하트 스티커

 함께 나눠요

하나님은 하은이를 사랑해
하나님은 하은이를 사랑해
하나님은 하은이를, 하나님은 하은이를
하나님은 하은이를 사랑해

하은이는 친구들을 사랑해
하은이는 친구들을 사랑해
하은이는 친구들을, 하은이는 친구들을
하은이는 친구들을 사랑해

 활동순서

① 풍선열매 바구니를 들고 출발선에 선다.
② 신호에 맞춰 달려가 풍선열매를 붙이고 돌아온다.
③ 하트 모양을 완성한다.

 **교사지원**

운동활동을 마친 후, 위에 있는 가사를 '우리 모두 다 같이 손뼉을' 노래에 맞춰 부르며 서로에게 하트를 붙여주세요.

1. 바구니를 들고 출발선에~

2. 하트 안에 풍선열매를 붙여주세요.

3. '짜잔' 완성

보자기로 인형 옮기기

22 중풍병자를 고치신 예수님

- **본문말씀**   마가복음 2:1~12
- **주제말씀**   마가복음 2:3~4
  사람들이 한 중풍병자를 네 사람에게 메워 가지고 예수께로 올새 무리들 때문에 예수께 데려갈 수 없으므로 그 계신 곳의 지붕을 뜯어 구멍을 내고 중풍병자가 누운 상을 달아내리니
- **기대효과**   예수님은 믿음을 소중하게 여기시는 분임을 알 수 있다.

 준비물

사람인형, 보자기 또는 하드보드지

 함께 나눠요

네 사람이 몸이 많이 아픈 친구를 예수님께로 데리고 갔어요.
하지만 사람들이 너무 많아서 아픈 친구를
예수님께로 데려 갈 수 없었어요.
그러자 네 사람은 지붕을 뜯어 구멍을 내고
믿음으로 아픈 친구를 예수님께 내려놓았어요.
예수님은 네 사람의 믿음을 보시고 아픈 친구를 고쳐주셨어요.
예수님, 감사해요!

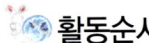 **활동순서**

① 보자기 위에 붕대를 감은 사람인형을 올려놓는다.
② 네 명이 한 조가 되어 보자기 귀퉁이를 잡고 선다.
③ 신호에 맞춰 조심조심 사람인형을 옮긴다.

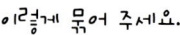
이렇게 묶어 주세요.

 교사지원

쉽게 잡을 수 있도록 보자기 네 귀퉁이를
한 번 묶어 주세요.
하드보드지 귀퉁이에 큰 구멍을 뚫어 쉽게 잡을 수 있도록 도와주세요.

1. 사람인형을 올려놓아요.

2. 보자기 네 귀퉁이를 잡아주세요.

3. 신호에 맞춰 '조심조심'

말씀 풍선 전달하기

23 하나님의 말씀을 전해요

- **본문말씀** 사도행전 9:19~22
- **주제말씀** 사도행전 9:19~20
  사울이 다메섹에 있는 제자들과 함께 며칠 있을새 즉시로 각 회당에서 예수가 하나님의 아들이심을 전파하니
- **기대효과** 예수님께서 하나님의 아들이심을 고백하고 전할 수 있다.

🌸 준비물
풍선, 말씀 글자, 양면테이프, 큰 바구니

🦋 함께 나눠요
바울과 베드로가 하나님의 말씀을 전했어요.
우리도 한 번 전해봐요.
예, 예수, 예수님, 예수님은, 예수님은 하, 예수님은 하나,
예수님은 하나님, 예수님은 하나님의, 예수님은 하나님의 아, 예수님은 하나님의 아들.
이제 나도 바울처럼 베드로처럼 하나님의 말씀을 전할래요.
"여러분, 예수님은 하나님의 아들이에요."

🌏 활동순서
① 출발선과 도착선 사이에 한 줄로 선다.
② 바구니에서 풍선에 붙인 말씀 글자를 찾아 옆으로 전달한다.
③ 말씀 글자를 소리 내어 읽으며 옆으로 전달한다.
④ 도착선에 이르면 말씀을 벽에 붙여 완성한다.
⑤ 완성한 후 말씀을 소리 내어 읽고 외친다.

⭐ 교사지원
표현 언어가 어려운 학생에게는 교사가 큰 소리로 반복해서 외쳐주세요.
학생이 풍선을 무서워하면 공이나 신문지 뭉치를 대신 사용하세요.

1. 한줄로 나란히~

2. 말씀을 읽으며 옆으로 전달해요.

3. 말씀풍선을 벽에 붙여주세요.

4. 완성된 말씀을 다 함께 소리내어 읽고 외쳐주세요.

빈 병에 물 채우기

24 예수님 말씀에 순종해요

- **본문말씀**   요한복음 2:1~12
- **주제말씀**   요한복음 2:5
  그의 어머니가 하인들에게 이르되 너희에게 무슨 말씀을 하시든지 그대로 하라 하니라
- **기대효과**   하인들처럼 예수님 말씀에 순종할 수 있다.

 ### 준비물
종이컵, 물통, 투명 페트병, 포도주스 또는 잉크

 ### 함께 나눠요
결혼식에 포도주가 다 떨어졌어요. 어떡하죠?
예수님께서 하인들에게 돌 항아리에 물을 가득 채우라고 말씀하셨어요.
하인들은 예수님의 말씀에 순종했어요. 그러자 돌 항아리에 든 물이 포도주가 되었어요.
잔치에 초대된 사람들은 맛있게 마셨어요. 결혼식 잔치가 즐거웠어요.
예수님 말씀에 순종하면 놀라운 일이 생겨요. 나도 항상 예수님 말씀에 순종할래요.

활동순서
① 옆으로 한 줄로 서게 하고 종이컵을 각각 한 개씩 나누어준다.
② 한쪽 끝에 물통을 놓고 다른 한 쪽 끝에 입구가 잘린 빈 페트병을 놓는다.
③ 신호에 맞춰 종이컵으로 물을 담아 옆으로 전달한다.
④ 페트병을 다 채운 후 포도주스를 붓는다.
⑤ 활동이 끝난 후 포도주스를 나누어 마신다.

 ### 교사지원
물을 옆으로 전달하며 "예수님 말씀에 순종해요"라고 말해주세요.
물을 빨리 옮기려 하기보다 흘리지 않도록 천천히 전달해주세요.

입구를 잘라야 따르기 편해요.

1. 한 줄로, 종이컵은 한 개씩!

2. "예수님 말씀에 순종해요."

3. 포도주스를 부어주세요.

4. 사이좋게 나누어 마셔요.

Part 3 음악활동

음악은 소리를 소재로 하여 박자, 가락, 음성을 갖가지 형식으로 조화하고 결합하여 표현한다. 음악활동은 음악이라는 매개체를 통해 말씀의 내용을 반복해서 배우는 것이다. 활동으로는 찬양, 악기 연주, 댄스, 성극, 뮤지컬, 무언극, 인형극 등이 있다.

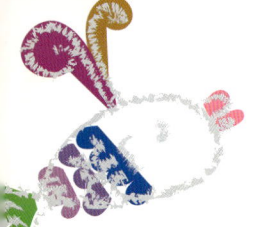

인형극_개구리가족 노래잔치

25 천지창조_동물

- **본문말씀** 창세기 1:24~25
- **주제말씀** 창세기 1:24
  하나님이 이르시되 땅은 생물을 그 종류대로 내되 가축과 기는 것과 땅의 짐승을 종류대로 내라하시니 그대로 되니라
- **기대효과** 하나님이 개구리를 만드셨음을 알 수 있다.

🌸 준비물
개구리 인형, 파란 천 또는 파란 색지

❄ 함께 나눠요
개구리는 누가 누가 누가 누가 만드셨나
하나님이 말씀으로 개구리를 만드셨지
아빠 개구리가 찬송을 한다 골골골골~
엄마 개구리가 찬송을 한다 골골골골~
아기 개구리가 찬송을 한다 골골골골~
개구리 세 마리 통나무 위에서 점심을 맛있게 먹네. 냠냠
그 중에 한 마리 시냇물에 퐁당. 이제 두 마리 남았네. 개굴개굴
개구리 두 마리 통나무 위에서 점심을 맛있게 먹네. 냠냠
그 중에 한 마리 시냇물에 퐁당. 이제 한 마리 남았네. 개굴개굴
개구리 한 마리 통나무 위에서 점심을 맛있게 먹네. 냠냠
마지막 한 마리 시냇물에 퐁당. 이제 한 마리도 없네~

🐰 활동순서
① 종이가방을 이용하여 개구리 세 마리를 만든다.
② 노래 가사 내용에 맞춰 차례대로 한 마리씩 사라지게 한다.

⭐ 교사지원
개구리 대신 돼지, 고양이, 강아지 등 다른 동물들을 만들어 활동해보세요.

개구리 한마리

조한나 편곡

개구-리 세 마리 통나무 위에서 점심을 맛있게 먹네 냠 냠
개구-리 두 마리 통나무 위에서 점심을 맛있게 먹네 냠 냠
개구-리 한 마리 통나무 위에서 점심을 맛있게 먹네 냠 냠

그 중에 한 마리 시냇-물에 퐁당 이젠- 두 마리 남았네 개굴 개굴
그 중에 한 마리 시냇-물에 퐁당 이젠- 한 마리 남았네 개굴 개굴
그 중에 한 마리 시냇-물에 퐁당 이젠- 한 마리도 없네

뮤지컬_농부 아저씨 과일 따기

26 감사와 십일조

- **본문말씀**   레위기 27:30~33
- **주제말씀**   레위기 27:30
  그리고 그 땅의 십분의 일 곧 그 땅의 곡식이나 나무의 열매는 그 십분의 일은 여호와의 것이니 여호와의 성물이라
- **기대효과**   하나님께 감사하는 마음으로 십일조를 할 수 있다.

준비물
밀짚모자, 수건, 과일나무, 풍선과일 열 개, 바구니, 음악(홍순관의 새의 날개-천국의 춤)

함께 나눠요
천국의 자유가 춤추네 천국의 자유가 춤추네
태양과 바람을 이 땅에 나리신 천국의 자유가 춤추네
천국의 자유가 춤추네 하늘을 나는 새들이 새들이
들판을 달리는 소년의 그 얼굴이
마치 무용수처럼 춤추네 정말 무용수처럼 춤추네
벌판서 잘 익어가는 쌀들이 콩들이
땀 흘려 일하는 농부의 그 얼굴이
팔 벌려 손잡는 사람의 만남이
하늘의 노래를 부르는 그 얼굴이
저 강물처럼 춤추네 저 바람처럼 춤추네

활동순서
① 음악에 맞춰 춤을 춘다. ② 열심히 일하는 농부 아저씨 흉내를 낸다. ③ 과일 나무로 다가가 열매를 하나씩 딴다. ④ 숫자를 세어 과일이 열 개임을 알려준다. ⑤ 그 중에 한 개를 들어 하나님께 드린다.

교사지원
열매 대신 지폐, 동전, 옷, 장난감 등 학생들이 소중하게 여기는 것들을 사용해보세요.

뮤지컬_가상칠언

27 십자가

- **본문말씀** 요한복음 19:1~42
- **주제말씀** 요한복음 19:30
  예수께서 신 포도주를 받으신 후에 이르시되 다 이루었다 하시고 머리를 숙이니 영혼이 떠나가시니라
- **기대효과** 예수님께서 나 대신 십자가에서 고통을 당하시고 나를 구원하셨음을 믿음으로 고백할 수 있다.

준비물
가시 면류관, 흰색 티, 십자가 모양 틀, 음악(주찬양 8집 증인들의 고백-십자가 위에서 죽으셨네)

함께 나눠요
"아버지여, 저희를 사하여 주옵소서.
자기의 하는 것을 알지 못함이니이다."
"내가 진실로 네게 이르노니
오늘 네가 나와 함께 낙원에 있으리라."
"여자여 보소서 아들이니이다.
보라, 네 어머니라."
"엘리 엘리 라마 사박다니.
나의 하나님, 나의 하나님,
어찌하여 나를 버리셨나이까."
"내가 목마르다." "다 이루었다."
"아버지여, 내 영혼을 아버지 손에 부탁하나이다."

활동순서
① 가시 면류관을 쓰고 흰옷을 입고 십자가에 선다. ② 군인이 나와 예수님을 십자가에 못 박는다.
③ 음악 멘트에 맞춰 가상칠언(예수님께서 십자가 위에서 하신 말씀) 재연한다.

교사지원
뮤지컬이 끝난 후 '우리의 죄 때문에(이강산 작사/작곡)' 찬양을 곧바로 함께 불러보세요.

친구와 함께 왈츠를

28 다윗과 요나단

- **본문말씀** 사무엘상 20:17~23
- **주제말씀** 사무엘상 20:17
  다윗에 대한 요나단의 사랑이 그를 다시 맹세하게 하였으니 이는 자기 생명을 사랑함같이 그를 사랑함이었더라
- **기대효과** 하나님의 사랑으로 친구를 사랑할 수 있다.

 준비물

악보, 음악(한장연 찬양 CD 너는 특별하단다-친구들과 춤을)

함께 나눠요

친구들과 춤을 춰요. 하나 둘 셋, 하나 둘 셋. 랄라랄랄라
친구들과 춤을 춰요. 하나 둘 셋, 하나 둘 셋. 랄라랄랄라
생명수 흐르는 하나님 나라. 하나님 얼굴을 마주보면서
친구들과 춤을 춰요. 하나 둘 셋, 하나 둘 셋. 랄라랄랄라

선생님과 춤을 춰요. 하나 둘 셋, 하나 둘 셋. 랄라랄랄라
선생님과 춤을 춰요 하나 둘 셋, 하나 둘 셋. 랄라랄랄라
생명수 흐르는 하나님 나라. 하나님 얼굴을 마주보면서
선생님과 춤을 춰요. 하나 둘 셋, 하나 둘 셋. 랄라랄랄라

활동순서

① 양손을 마주 잡고 선다.
② 음악에 맞춰 왈츠를 춘다.

 교사지원

왈츠는 쉬운 동작으로 직접 만들어보세요.
춤을 어려워하는 학생이라면 교사가 부드럽게 손을 이끌어주면서 쉬운 동작으로 바꿔주세요.

친구들과 춤을

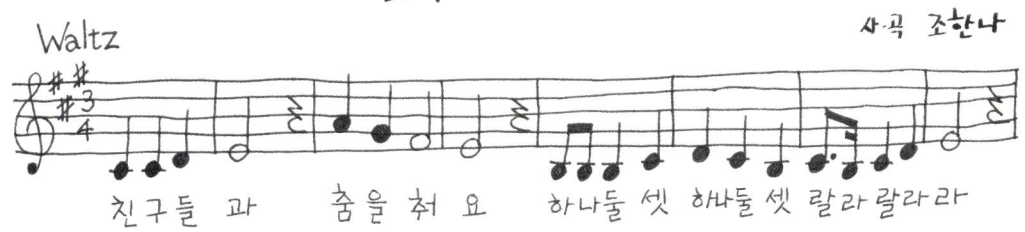
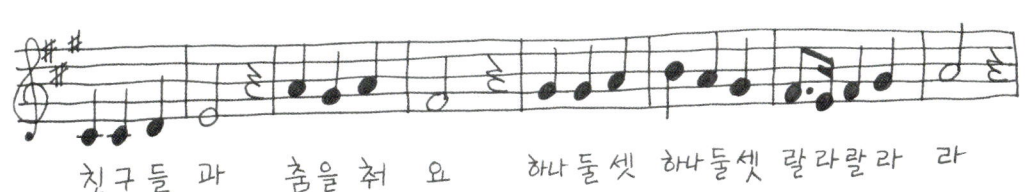
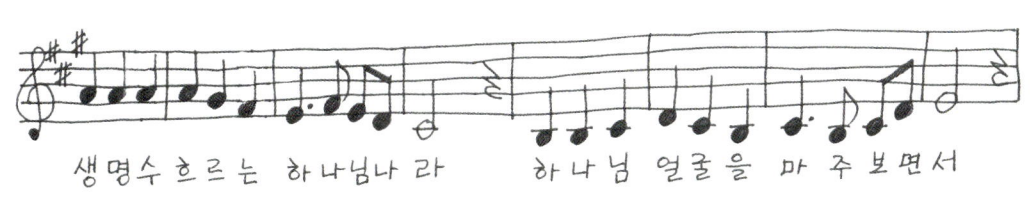

Part 4 요리활동

요리는 아동이 흥미롭게 학습을 하는 기본형식이다. 요리활동은 요리하는 과정 속에 놀이 요소를 가미하여 말씀의 내용을 배우는 것이다.

뻥튀기로 남자와 여자 만들기

29 천지창조_사람

- **본문말씀** 창세기 1:26~28, 2:4~25
- **주제말씀** 창세기 1:27~28
  하나님이 자기 형상 곧 하나님의 형상대로 사람을 창조하시되 남자와 여자를 창조하시고
- **기대효과** 하나님이 남자와 여자를 만드셨음을 알 수 있다.

준비물
뻥튀기, 여러 가지 과자, 물엿, 그릇, 나무젓가락

함께 나눠요
여섯째 날 하나님은 사람을 만드셨어요.
하나님의 형상을 따라 남자와 여자를 만드셨어요.
먼저 남자를 만드시고
사람이 혼자 사는 것이 좋지 않다고 남자를 돕는 여자를 만드셨지요.
할아버지는 남자, 할머니는 여자.
아빠는 남자, 엄마는 여자.
오빠는 남자, 언니는 여자.
그럼 너는? 남자야. 너는? 여자야.
아하! 나는 하나님이 만드신 남자.
아하! 나는 하나님이 만드신 여자.

활동순서
① 뻥튀기 위에 여러 가지 과자를 이용하여 남자와 여자를 만든다.
② 큰 과자는 그릇 안에 직접 넣어 물엿을 묻혀 준다.
③ 작은 과자는 나무젓가락을 이용하여 물엿을 묻혀 준다.

교사지원
활동을 하면서 '누가 누가 만드셨나(한장연 찬양 CD 너는 특별하단다)' 찬양을 함께 불러보세요.

뻥튀기로 천지창조하기

30 천지창조

- **본문말씀** 창세기 1:1~31
- **주제말씀** 창세기 1:1
  태초에 하나님이 천지를 창조하시니라
- **기대효과** 하나님이 말씀으로 세상을 창조하셨음을 믿을 수 있다.

 준비물
뻥튀기, 여러 가지 과자, 물엿, 나무젓가락

함께 나눠요
하나님께서 캄캄한 밤하늘에 반짝반짝 별을 만드셨어요.
하나님께서 만드신 별은 밤하늘을 아름답게 비춰요.
하나님께서 넓은 땅 위에 꽃과 나무를 만드셨어요.
봄이 되면 파릇파릇 싹이 트고 잎이 나서 꽃을 피우고
포도밭에는 포도가 탱글탱글 열려요.
하나님께서 깊은 바닷속에 여러 가지 물고기들을 만드셨어요.
상어, 돌고래, 오징어, 문어, 복어 모두 하나님이 만드셨어요.
"나를 위해 이 모든 것을 만들어주신 하나님, 감사해요."

활동순서
① 뻥튀기 위에 여러 가지 과자를 이용하여 별, 포도나무 등을 꾸민다.
② 큰 과자는 그릇 안에 직접 넣어 물엿을 묻혀준다.
③ 작은 과자는 나무젓가락을 이용하여 물엿을 묻혀준다.

교사지원
학생들과 함께 다양한 모양으로 뻥튀기를 꾸며보고 이 세상을 만드신 하나님을 더 알도록 도와주세요.
물엿을 바를 때 양을 조절하지 못하는 학생은 교사가 도와주세요.

반짝반짝 밤하늘

꽃나무

탱글탱글 포도

식빵으로 만나 만들기

31 만나양식

- **본문말씀** 출애굽기 16:1~36
- **주제말씀** 출애굽기 16:13~14
  저녁에는 메추라기가 와서 진에 덮이고 아침에는 이슬이 진 주위에 있더니 그 이슬이 마른 후에 광야 지면에 작고 둥글며 서리 같이 가는 것이 있는지라
- **기대효과** 날마다 우리에게 양식을 주시는 하나님을 기억할 수 있다.

준비물

식빵, 꿀 또는 잼, 빵칼, 치즈, 깻잎

함께 나눠요

하나님께서 하늘에서 만나를 내려주셨어요.
이스라엘 사람들은 아침에 일어나 들로 나가 만나를 주어 바구니에 담았어요.
만나는 작고 동글동글하며, 하얗고 꿀맛 나는 과자 같았어요.
하나님께서 하루하루 먹을 만큼 만나를 내려주셨어요.
날마다 우리에게 양식을 주시는 분은 하나님이세요.
하나님, 감사해요!

활동순서

① 식빵을 네모 모양으로 자른다.
② 그 위에 꿀 또는 잼을 바른다.
③ 식빵을 누르면서 둥글게 만다.
④ 빵칼로 바르게 잘라 접시 위에 올려 예쁘게 장식한다.

교사지원

식빵 위에 치즈나 햄을 올려서 다양하게 만들어보세요.
식빵은 우유식빵을 사용하세요. 부서지지 않고 둥글게 잘 말려요.
여러 가지 채소나 과일을 이용하여 예쁘게 장식해보세요.

우유식빵

모양틀

접시에 올려서 예쁘게~

과자로 케이크 만들기

32 성탄절, 사랑, 기도

- **본문말씀** 마태복음 1:18~2:12
- **주제말씀** 마태복음 1:21
  아들을 낳으리니 이름을 예수라 하라 이는 그가 자기 백성을 그들의 죄에서 구원할 자이심이라 하니라
- **기대효과** 성탄절은 우리를 구원하시기 위해 예수님께서 이 땅에 태어나신 날임을 알 수 있다.

준비물
뻥튀기, 식빵, 여러 가지 과자, 물엿, 생일 초, 상자

함께 나눠요
성탄절은 산타할아버지의 날도, 눈사람의 날도 아니에요.
성탄절은 내 생일도 친구의 생일도 아니에요. 성탄절은 내가 선물 받는 날이 아니에요.
성탄절은 누구의 날일까요? 성탄절은 누구의 생일일까요?
맞아요. 바로 예수님의 생일이에요. 나를 구원하시기 위해 이 땅에 오신 하나님의 아들 예수님의 생일이에요.
그럼 다 같이 예수님을 위한 생일 축하 노래를 불러볼까요?
생일 축하합니다. 생일 축하합니다. 사랑하는 예수님 생일 축하합니다.
예수님께 가장 귀한 선물을 드려볼까요? 예수님, 저를 받아주세요.

활동순서
① 뻥튀기를 네모 모양으로 자른다.
② 그 위에 물엿을 발라 과자로 탑을 쌓아 올린다.
③ 식빵을 모양틀로 찍어서 그 위에 잼을 바르고 장식한다.
④ 생일 초를 꽂고 상자에 넣는다.

교사지원
식빵을 쌓고 요거트 또는 여러 가지 소스를 만들어 케이크를 만들어보세요.
각자 만든 케이크를 들고 다 같이 생일 축하 노래를 예수님께 불러 드리세요.

이렇게도 만들어 보세요.

위에서 보면 이렇게 생겼어요.

하트과자

꼬마 케이크

상자에 쏘옥~

과자로 꼬치 만들기

33 손님 대접

- **본문말씀** 로마서 12:13, 잠언 11:25
- **주제말씀** 로마서 12;13
  성도들의 쓸 것을 공급하며 손 대접하기를 힘쓰라.
- **기대효과** 사랑하는 마음으로 음식을 만들어 다른 사람을 대접할 수 있다.

준비물
꼬치용 막대, 여러 가지 과자, 여러 가지 장식품

함께 나눠요
이웃을 사랑하라는 하나님 말씀 따라 내가 가진 모든 것을 아낌없이 나누어요.
나누어 주는 것을 좋아하는 사람은 더 풍성해지고
다른 사람을 배부르게 하는 사람은 더 배부르게 된대요.
나를 사랑해주시는 아빠 엄마에게
나를 위해 기도해주시는 목사님에게
나를 가르쳐주시는 선생님에게
정성스럽게 만든 음식을 대접할래요.
먹을 것이 없어 배고파하는 친구에게
내가 가진 모든 것을 나누어 줄래요.

활동순서
① 꼬치용 막대를 예쁜 모양으로 장식해 놓는다.
② 과자를 끼워 과자꼬치를 만든다.
③ 접시 위에 놓고 예쁘게 장식한다.

교사지원
바나나킹, 홈런볼 등 꼬치를 쉽게 꽂을 수 있고 잘 부서지지 않는 과자를 선택해주세요.
지퍼백으로 예쁘게 포장해서 선물해도 좋아요.

쉽게 꽂을 수 있는 과자를
선택해주세요.

꼬치를 예쁘게 장식해주세요.

잘 부서지지 않는
과자를 선택해주세요.